Le Dis Pourquoi ?

Textes et schémas
Yohann Larousse & Romane Lenoir
Photographies
Yohann Larousse
Couverture et Illustrations
Sandie Leblanc

« Le Dis pourquoi ? »

« Le Dis pourquoi ? » est un livre du Pourquoi comme beaucoup d'autres sauf que celui-ci a une particularité !
Nous avons donné la parole aux enfants avant de vous donner la réponse.
Vous pourrez constater que les enfants ont une imagination débordante et surprenante.
Chaque sujet y trouve ici sa réponse de façon simplifiée.

Tout le monde prendra plaisir à découvrir ou redécouvrir des explications sur des phénomènes scientifiques qui nous entourent dans la vie de tous les jours et qui peuvent susciter, chez les petits comme chez les grands, de nombreuses questions.

Les explications sont accompagnées de magnifiques illustrations, de photos et de nombreux schémas explicatifs.
Tout cela est réalisé par trois professionnels : un auteur, un professeur des écoles et une illustratrice qui ont mis tous leurs savoirs et leurs talents au service de vos enfants.

Une partie des droits d'auteur sera reversée à l'association "Rêves" qui se bat chaque année afin de récolter des fonds pour réaliser les rêves d'enfants gravement malades.

« Le Dis pourquoi ? » est un livre à partager en famille et sans modération.

Yohann Larousse

Né en 1977 à Guéret en Creuse où il retourne très souvent dans son petit village de La Brionne. Consultant en Assurance de formation. Il est aussi l'auteur de « En espérant que tu ne m'oublies jamais » son premier succès en 2013 ou encore de « Je vous demande pardon » paru en 2014. Il met aujourd'hui son talent au service des plus jeunes afin de leur faire découvrir de façon ludique les mystères et la magie de la nature qui nous entoure et de nos civilisations.

Sandie Leblanc

Née en 1979 à Ris-Orangis en Essonne, elle est installée sur la commune girondine du Porge, au bord des vagues de l'océan Atlantique et de la pinède, un cadre inspirant qu'elle aime par dessus tout. Styliste et graphiste textile, diplômée de l'ESAA Duperré elle travaille en freelance depuis plusieurs années et collabore avec de nombreuses marques de prêt-à-porter. Artiste reconnue, également peintre en fresques murales, elle a souhaité apporter ici son talent artistique afin d'émerveiller et de faire rêver les enfants grâce à ses magnifiques illustrations. Vous pouvez la retrouver sur son site www.sandie-design.com

Romane Lenoir

Née en 1980 à l'Hay les Roses dans le Val de Marne. D'origine espagnole, elle aime passer ses vacances en famille dans le petit village d'Amposta pour se ressourcer. Spécialiste de la petite enfance, professeur diplômé de l'Education Nationale. Elle a mis son savoir au service des enfants afin de leur offrir ses connaissances pour mieux appréhender et comprendre le monde qui les entoure.

Rêves est une association nationale à but non lucratif, reconnue œuvre de bienfaisance. Depuis sa création en 1994, elle a pour mission d'exaucer les rêves d'enfants et d'adolescents atteints de pathologies graves, dont le pronostic est réservé.

Leur offrir une parenthèse enchantée pour oublier la maladie, tel est l'objectif de l'association. Plus que tout autre, les enfants malades ont besoin de rêver à des projets qui les stimulent et leur donnent la force de se battre contre la maladie.
En réalisant leurs vœux, l'association *Rêves* leur permet de s'évader du quotidien, les aide à reprendre confiance en l'avenir.

Rêves intervient en France grâce au travail de proximité de **700 bénévoles dans 37 délégations départementales**. L'association collabore avec une soixantaine de centres hospitaliers.

Chaque année, Rêves réalise environ 280 rêves, qu'elle organise et qui sont financés par les dons privés. A ce jour, ce sont près de **4 000 enfants** qui ont pu réaliser un de leur rêve :

Nager avec les dauphins, rencontrer son idole, sauter en parachute ou encore visiter un parc d'attraction… ce qui importe pour Rêves, c'est que chaque enfant choisisse et vive son propre projet personnel, dans lequel il va s'épanouir.

Depuis maintenant 20 ans, les enfants continuent grâce à vous, grâce à nous de réaliser leur rêve : Merci !

Josiane GONNOT Présidente nationale

Association RÊVES
BP 312 – 01 603 TREVOUX Cedex
Tél : 04 74 08 87 70 - Fax : 04 74 00 60 42
info@reves.fr – www.reves.fr

Renseignez-vous
sur www.reves.fr

Sommaire

Pourquoi

l'eau de mère est-elle salée ?

mer

ourquoi? Pourquoi? Pourquoi?
Pourquoi l'eau est salee?
urquoi? Pourquoi?

Parce que les pierres sont salées et le sable aussi
et il y a des algues salées ou des crabes.

Camille, 8 ans

**L'eau est salée parce que quand on pleure, les larmes sont salées.
Un jour une fille a pleuré 1914 larmes.**

Doriane, 8 ans

10 ans Pourquoi l'eau de mer est salée : L'eau est salée car il ya plusieurs cocillages écraser.
- car elle est paluer
- car le soleil fais de la vapeur avec de l'eau

Aurore

Pourquoi l'eau mouille: Car il ya de la vapeur.

Pourquoi le ciel est bleu: Car l'espace et bleu foncé

L'eau de la mer est salée car quelqu'un a mis plein de pots de sel
de marque Baleine dans la mer.

Salomé, 10 ans

**C'est parce qu'un jour un bateau avec un moulin à sel a coulé.
Le moulin à sel était en marche et a répandu du sel
dans la mer et les océans.**

Hanna, 8 ans

Et la, il essaya
le sel et il adora tellement
l'eau salée qu'il voulut en mettre
dans tous les océans et
toutes les mers.
Donc voila pourquoi
l'eau est salée.

Parce que le sable et
les poissons
sont salés!

Parce qu'on met du sel dans l'eau.
Léa, 8 ans

L'eau est salée car le sable va dans la mer et qu'il est salé.
Loanne, 9 ans

La mer est salée car les vagues attrapent le sable.
Burak, 8 ans

Car Dieu avait soif mais il n'aimait pas l'eau qu'on lui servait, donc il a demandé autre chose à son serveur. Alors son serveur lui servit du Coca, puis de la limonade, puis de l'Oasis, puis de l'Orangina... Mais, un jour il eut une idée spectaculaire, rajouter quelque chose dans son eau et il essaya plusieurs choses : le poivre, les épices, le ketchup, etc. Et là, il essaya le sel et il adora tellement l'eau salée qu'il voulut en mettre dans tous les océans et toutes les mers. Donc voilà pourquoi l'eau est salée.
Julia, 10 ans

L'eau est salée parce que les requins crachent du sel.
Mathéo, 7 ans

Lorsque tu te baignes dans la mer et que tu bois la tasse, l'eau de mer a un goût salé.
Mais pourquoi ?
En fait, il faut revenir très loin dans le passé, au tout début de la naissance de notre planète, quand il n'y avait encore aucune vie sur Terre.
C'était il y a quatre milliards d'années.

Il y avait dans ce temps-là beaucoup de volcans qui crachaient de la fumée (vapeur d'eau) et des gaz dans le ciel. Cela dura longtemps, très longtemps, cent millions d'années ! La vapeur d'eau et les gaz (soufre, gaz carbonique, chlore et bien d'autres) se sont mélangés dans le ciel. Puis, ces vapeurs sont retombées sur terre sous forme de pluies acides. Ces pluies étaient tellement acides, qu'elles ont creusé la terre et la roche pour former des rivières puis des océans. En creusant la roche elles se sont chargées en sodium. Le sodium s'est mélangé avec les pluies acides qui contenaient un autre produit chimique, le chlorure. Cela a donné du **chlorure de sodium**.
Aujourd'hui, quand tu vas dans un magasin pour acheter du sel, tu peux lire sur l'emballage : « chlorure de sodium ».

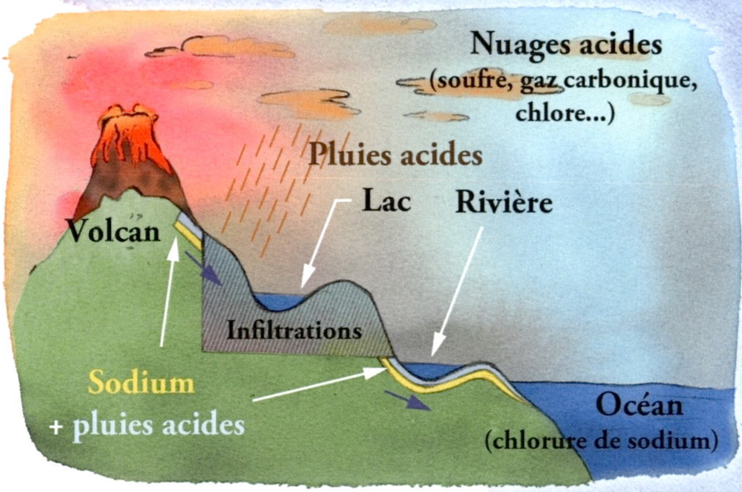

Bon à savoir :
Mers et océans couvrent une surface de 360 700 000 km² ce qui représente environ 71 % de la surface de la planète !

Pourquoi l’eau mouille-t-elle ?

PARCE QU'IL Y A DES GOUTTES DEDANS.

L'eau mouille parce qu'il pleut !

L’eau mouille parce qu’elle est humide.
Maïssa, 8 ans

Comme l’eau est liquide et légère,
elle peut s’écrouler rapidement sur nous.
Noha, 8 ans

L’eau mouille parce que la mer est salée.
Nolan, 8 ans

L’eau mouille, parce que ça mouille.
Mickaël, 8 ans

L’eau mouille car elle est liquide.
Claire, 7 ans

L’eau mouille parce qu’il y a des gouttes dedans.
Laëtitia, 9 ans

Pourquoi l'eau mouille: Car il ya de la vapeur.

L'eau mouille parce qu'il pleut.
Séréna, 8 ans

Parce que c'est normal que l'eau mouille.
Kény, 8 ans

L'eau mouille car c'est un liquide, tous les liquides mouillent.
Mathéo, 9 ans

Parce que ça mouille et ça explose.
Kylian, 9ans

Tu te promènes et un gros orage arrive.
Il se met à pleuvoir et forcément
tu n'as ni capuche ni parapluie.

Tu te retrouves alors tout mouillé !

Mais pourquoi l'eau mouille-t-elle ?

C'est une question difficile mais nous allons essayer d'y répondre le plus clairement possible.

L'eau est composée de molécules, les molécules sont toutes petites, si petites que tu ne peux pas les voir avec les yeux.
Mais elles sont très très fortes, ce qui fait qu'elles se collent à tout ce qu'elles touchent. Les molécules des liquides s'attirent entre elles et attirent aussi les molécules d'autres matières.
L'eau colle, elle s'accroche, c'est pourquoi on dit qu'elle mouille.

L'eau colle, elle s'accroche...

Quelques chiffres :

Une goutte d'eau ne peut pas avoir un diamètre supérieur à 6 mm.

Au-delà de ce diamètre, la goutte d'eau explose comme une bulle de savon.
Cela est dû à la pression atmosphérique.

Dans l'espace par contre, comme la gravité n'existe pas, les scientifiques ont pu observer des gouttes d'eau de plusieurs dizaines de centimètres.

Pourquoi l’arc-en-ciel a-t-il des couleurs ?

PARCE QUE L'ARC-EN-CIEL EST BEAU...

Il a des couleurs parce que le soleil et la pluie lui donnent des couleurs.

Parce que l'arc-en-ciel est beau.
Léa, 8 ans

Il a des couleurs parce que le Soleil et la pluie lui donnent des couleurs.
Clément, 7 ans

Parce que le ciel et le Soleil font des couleurs.
Noean, 7 ans

L'arc-en-ciel a sept couleurs car les fées ont les mêmes couleurs.
Noha, 8 ans

L'arc-en-ciel a sept couleurs parce qu'il a choisi d'être très très très très beau.
Serna, 7ans

Parce que le ciel et la pluie ont choisi les couleurs de l'arc-en-ciel.
Enzo, 9 ans

L'arc-en-ciel a sept couleurs car l'arc-en-ciel a plein de couleurs.
Burak, 7 ans

Officiellement l'arc-en-ciel a sept couleurs :
rouge, orange, jaune, vert, bleu, indigo et violet.
L'indigo a été ajouté pour avoir sept couleurs et ainsi correspondre aux nombres de jours que comporte une semaine.

Mais pourquoi un arc-en-ciel a-t-il des couleurs ?

Dans un premier temps il est intéressant de se demander à quel moment on peut voir un arc-en-ciel ?
Tu peux en voir après un nuage de pluie quand le Soleil revient. C'est avec le Soleil que ce dernier va apparaître.
Mais pourquoi ?
En fait, le Soleil envoie des rayons de lumière. Ces rayons de soleil sont ce qu'on appelle de la lumière blanche. Celle-ci contient toutes les couleurs de l'arc-en-ciel. Mais on ne peut voir ces couleurs que lorsqu'elles traversent des gouttes d'eau, car à ce moment-là, la lumière blanche se sépare en sept couleurs.
C'est ce qu'on appelle la réfraction.

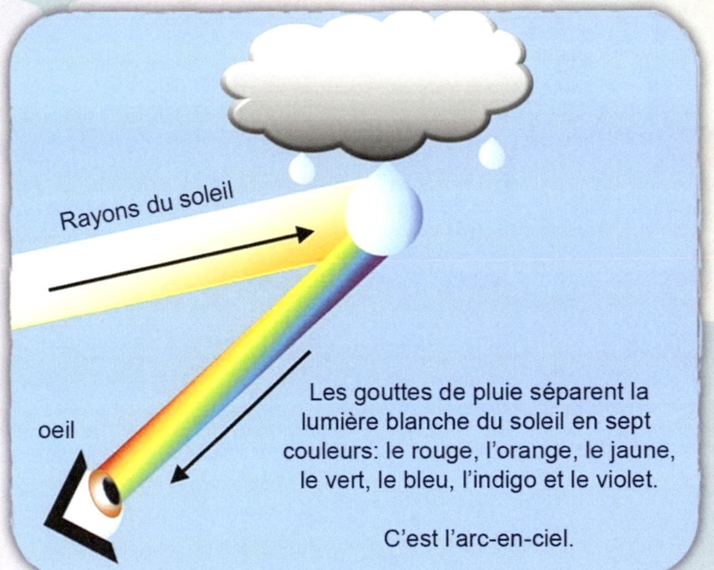

Une légende raconte aussi qu'aux pieds de l'arc-en-ciel se cache un trésor. Mais personne n'a jamais réussi à le découvrir, car plus tu avances vers l'arc-en-ciel plus il recule et finit par disparaître.

Tu peux reproduire toi-même les jours de beau temps un petit arc-en-ciel avec un jet d'eau en mode brumisateur et en te mettant dos au soleil !

Pourquoi
le ciel est-il bleu ?

Le ciel est bleu car on a jeté une tache de peinture bleue et on a ajouté de la peinture blanche.

Keny, 7 ans

Le ciel est bleu car l'eau est bleue.

Océane, 8 ans

Le ciel est bleu car les fleuves qui sont propres sont bleus.

Dorian, 7 ans

Le ciel est bleu parce-que des personnes ont pris une echelle
et ont peint le ciel en bleu.

Salome
10 et demi

Le ciel est bleu car les oiseaux sont bleus.
Stacy, 8 ans

Le ciel est bleu car il recopie sur la mer. Le ciel reflète sur la mer.
Si le ciel était rouge, jaune ça ne serait pas logique.
Le ciel est bleu car l'espace est bleu.
Mathé, 9 ans

Ce sont les reflets du Soleil qui font que le ciel est bleu.
En entrant dans l'atmosphère les rayons du soleil prennent des reflets violets et rebondissent dans les airs.
Ceux sont ces reflets qui font que le ciel est bleu.
Hanna, 8 ans

Le Soleil éclaire le noir de l'espace,
c'est pour ça que le ciel devient bleu.
Philippe, 8 ans

Parce que ça va bien avec la couleur des nuages.
C'est la vapeur des nuages qui rend le ciel bleu.
Fanny, 10 ans

LE CIEL EST BLEU CAR LES OISEAUX SONT BLEUS.

Parce que ca va bien avec
la couleur des nuages.
C'est la vapeur des nuages qui rend
le ciel bleu.

Le ciel est bleu parce qu'on a lancé un pot de peinture.

Océane, 7 ans

Le ciel est bleu car les galaxies sont bleues.

Kilian, 8 ans

Le ciel est bleu car l'Univers est bleu et le Soleil fait qu'il est bleu clair.

Claire, 7 ans

Parce qu'en hiver il fait froid et les arbres sont verts.

Loanne, 9 ans

Fiona, 11 ans. Pourquoi le ciel est bleu ? Le ciel est bleu parce que l'eau de la mer se refète dans le ciel. Et quand il ne fait pas beau, la mer ne peut pas se refléter dans le ciel.

Si le ciel est bleu, c'est grâce à l'atmosphère ! Si nous étions sur la Lune, comme elle n'a pas d'atmosphère, nous pourrions observer le Soleil sur un ciel noir.

La lumière qu'envoie le Soleil est appelée lumière blanche.
Elle est composée de plusieurs couleurs : rouge, orange, jaune, vert, bleu, indigo et violet.
Quand la lumière blanche traverse notre atmosphère, qui est composée d'une multitude de molécules, de poussières et de gouttelettes d'eau, les couleurs violet, bleu et vert se retrouvent piégées : 30 % pour le violet, 20 % pour le bleu et 9 % pour le vert.

Notre œil étant beaucoup plus sensible au bleu qu'au violet, nous ne voyons que le bleu. Ce qui fait que notre ciel nous paraît plus ou moins bleu.
Plus le ciel est pur (c'est-à-dire sans poussières ni gouttelettes d'eau), plus le bleu du ciel est profond.

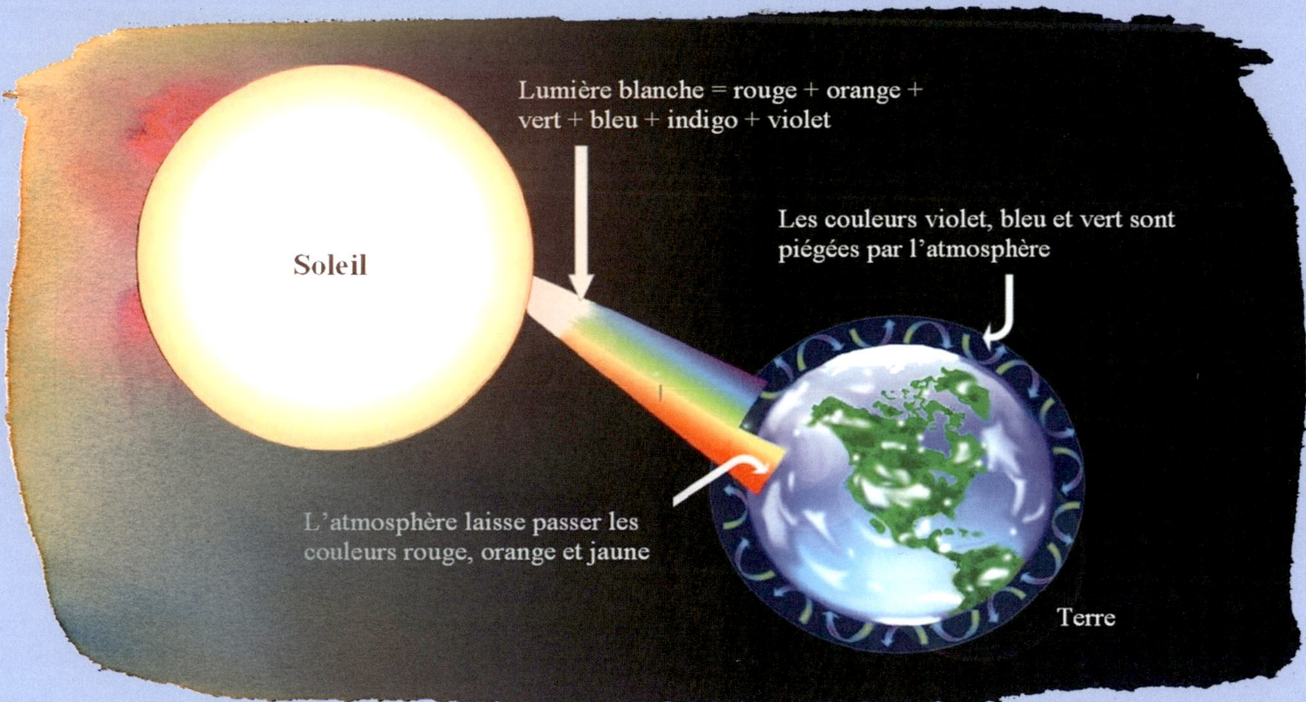

Pourquoi

a-t-on ~~fin~~ ?
faim

Parce que je veux manger.
Mathéo, 7 ans

On a faim parce qu'on peut mourir.
Enzo, 8 ans

Pour moi la faim c'est quand mon ventre gargouille et aussi quand on est malade car on n'a pas assez mangé et il faut manger équilibré.
Camille, 8 ans

Mon ventre a faim pendant la nuit,
je m'endors la nuit et je ne mange pas.
Sérèna, 7 ans

J'ai faim parce que mon ventre gargouille.
Stacy, 8 ans

Miam
...
PARCE QUE JE
VEUX MANGER !!!

On doit manger car notre cœur a besoin d'énergie.
Noha, 7 ans

On a faim parce qu'on fait du sport.
Mickaël, 8 ans

Moi je mange quand j'ai faim,
je mange le midi et le matin et le soir
et je mange du goûter pour ne pas mourir.
Mathis, 7 ans

On mange car dans la nourriture il y a des vitamines A.
Doriane, 7 ans

Je mange parce qu'après je grandis et
si je ne mange pas je peux mourir.
Burak, 8ans

C'est ton cerveau qui déclenche la faim ! En effet, ton cerveau surveille, sans que tu le saches, ton niveau de glucose (c'est un sucre, celui qui est utilisé par tes muscles pour fonctionner), dans le sang et ton niveau de lipides dans les cellules. Quand il voit que tu commences à en manquer, le cerveau déclenche ton envie de manger pour refaire le plein d'énergie : c'est la faim.

Mais la faim n'est pas seulement biologique, surtout pour les gourmands !
En effet, elle peut être déclenchée juste en voyant un beau gâteau ou en sentant la bonne odeur d'un plat cuisiné.

Le froid peut aussi être un déclencheur de la faim.

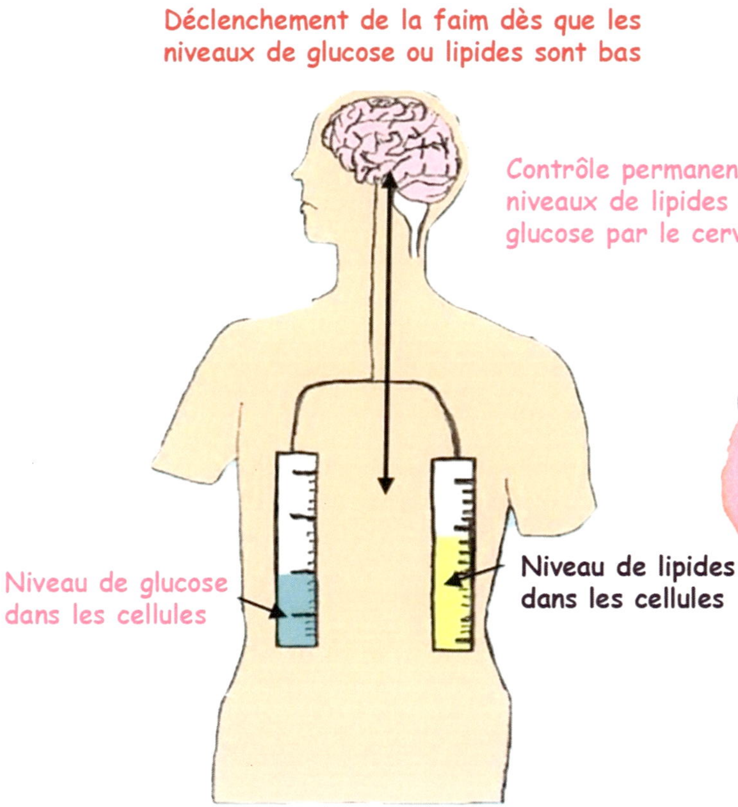

Pourquoi
la Lune brille-t-elle?

La Lune brille car c'est la nuit.
Noé, 6 ans

La Lune brille car il y a des étoiles.
Gabin, 5 ans

La Lune brille car il fait encore plus noir.
Ambre, 5 ans

Parce qu'il y a des étoiles qui passent à côté d'elle et lui rendent de la lumière.
Niko, 6 ans

La Lune brille car il y a le Soleil dedans.
Morgane, 3 ans

Parce que l'étoile du Nord brille beaucoup et ça fait briller la Lune.
Camil, 6 ans

Elle brille car c'est de la lumière blanche.
Des fois on la voit, des fois on ne la voit pas !
Adriano, 5 ans

Parce que toutes les étoiles se réunissent à côté et ça fait briller la Lune.
Léa, 5 ans

Parce qu'il y a des nuages bleus qui brillent et qui font briller la Lune.
Manon, 5 ans

Le Soleil se couche, la Lune arrive et les étoiles filantes passent à côté.
Johan, 6 ans

La Lune brille parce qu'il fait nuit.
Il y a de la lumière qui sort de la Lune.
C'est la météo qui l'allume.
Dayton, 5 ans

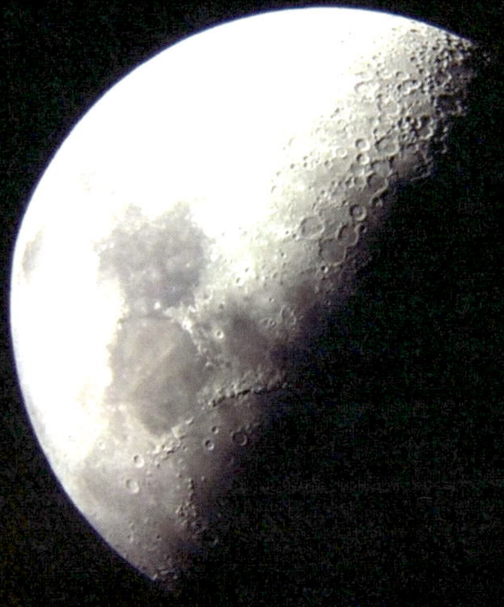

La Lune n'est pas comme le Soleil, elle ne brille pas elle-même, c'est-à-dire qu'elle n'émet pas de lumière. C'est le Soleil qui éclaire la Lune.
Ce que nous voyons depuis la Terre n'est que le reflet de la lumière du Soleil sur la lune.

La Lune n'est pas une planète, c'est un satellite.
Elle tourne autour de la Terre.

Elle se situe approximativement à 380 000 km de la Terre.

Diamètre de la Lune : 3 500 Km
Diamètre de la Terre : 12 800 Km
Diamètre du Soleil : 1 400 000 Km

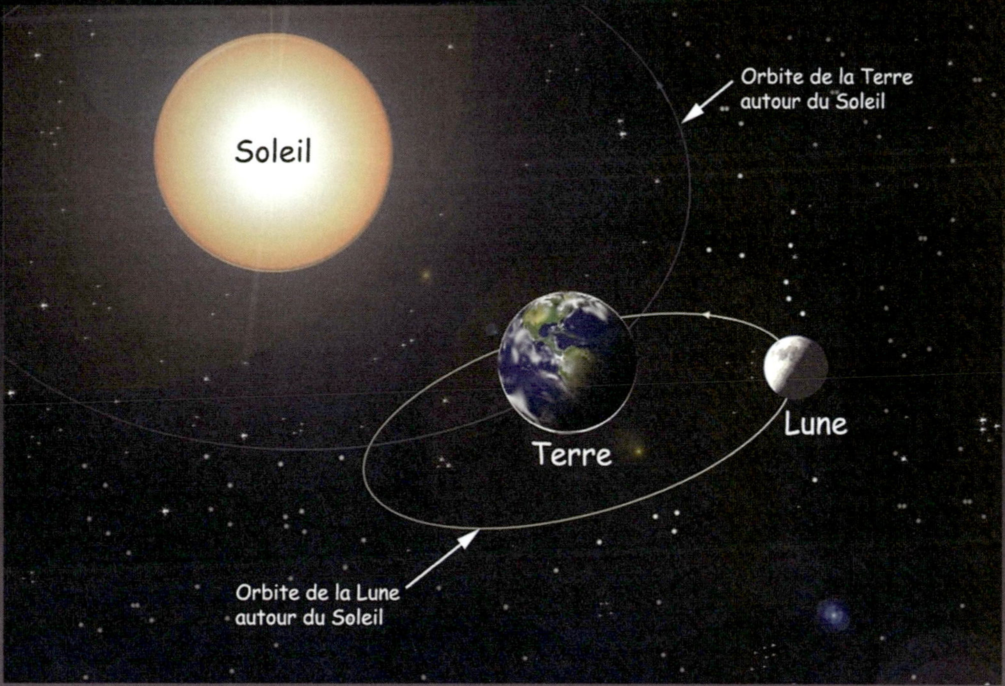

Pourquoi a-t-on soif ?

Parce que tu manges sucré.
Alfred, 8 ans

On a soif parce qu'on court ou qu'on fait du sport.
Léa, 8 ans

Quand on mange on a soif.
Nolan, 7 ans

Parce qu'on a sauté.
Ewan, 7 ans

J'ai soif parce que je vais mourir.
Sérèna, 7 ans

En fait, il faut boire car si on ne boit pas on peut mourir de soif.

Doriane, 7 ans

Parce que je goûte très très très vite et après on va boire.

Nicolas, 8 ans

La soif est la sonnette d'alarme de ton corps lorsque celui-ci manque d'eau.

Ton corps est équipé de petits détecteurs qui déclenchent l'alarme lorsque celui-ci manque d'eau.
Ces petits détecteurs se déclenchent en moyenne entre - 0.5 et - 1 litre d'eau.
Ce qui représente environ 1 à 2 % de la totalité d'eau dans ton corps.

L'eau étant un des éléments les plus importants à notre survie ceci explique que l'alarme sonne très vite pour éviter tout problème.

Parfois, tu peux aussi avoir soif si tu manges trop salé. Ton corps a besoin de sel mais uniquement en petite quantité. Si tu en manges de trop, ton corps va devoir l'éliminer. Pour cela il expulse le sel du sang en passant par les reins.
Le sel se retrouve dans les urines. Le problème c'est que le sel, pour arriver dans les urines, a emmené avec lui beaucoup d'eau. Du coup il te manque de l'eau dans le sang.
Le cerveau réagit tout de suite et tire la sonnette d'alarme et donne l'ordre aux glandes salivaires de réduire leurs sécrétions.
Tu commences donc à ressentir la soif, tu as la bouche pâteuse et la gorge sèche.
Tu prends un grand verre d'eau et tout va mieux.

L'eau que tu viens de boire servira à rétablir l'équilibre en eau dans ton corps.

Pourquoi

le Soleil est-il jaune ?

Le Soleil est jaune parce que c'est une météorite.
Enzo, 7 ans

Parce qu'on a dessiné le Soleil.
Keny, 7 ans

Le Soleil est jaune parce que quelqu'un a colorié le Soleil.
Valentin, 8 ans

Parce qu'il fait chaud.
Loanne, 7 ans

Le Soleil est jaune parce que le feu est rentré dans le Soleil.
Océanne, 8 ans

Le Soleil est jaune parce qu'on a peint le Soleil.
Séréna, 8 ans

Il est jaune car il est brûlant.
Boural, 7 ans

Parce que le Soleil est une boule de feu.
Enzo, 8 ans

Il est jaune car la Terre tourne et le Soleil tourne aussi et après il se transforme en feu.
Camille, 7 ans

En réalité la couleur du Soleil est blanche, sa lumière est blanche.
Il n'est donc pas du tout jaune. La lumière blanche est composée de plusieurs couleurs, allant du bleu profond au rouge rubis. La lumière du Soleil ne nous parvient pas directement, elle doit passer à travers notre atmosphère.
Les molécules qui composent l'atmosphère laissent passer certaines couleurs et en retiennent d'autres. Les couleurs qu'elles absorbent le plus sont le violet et le bleu.
Elles rediffusent ensuite ces deux couleurs dans toutes les directions ce qui nous donne un ciel plus ou moins bleu. La lumière blanche, à laquelle on soustrait le bleu et le violet nous donne un Soleil jaune orangé.

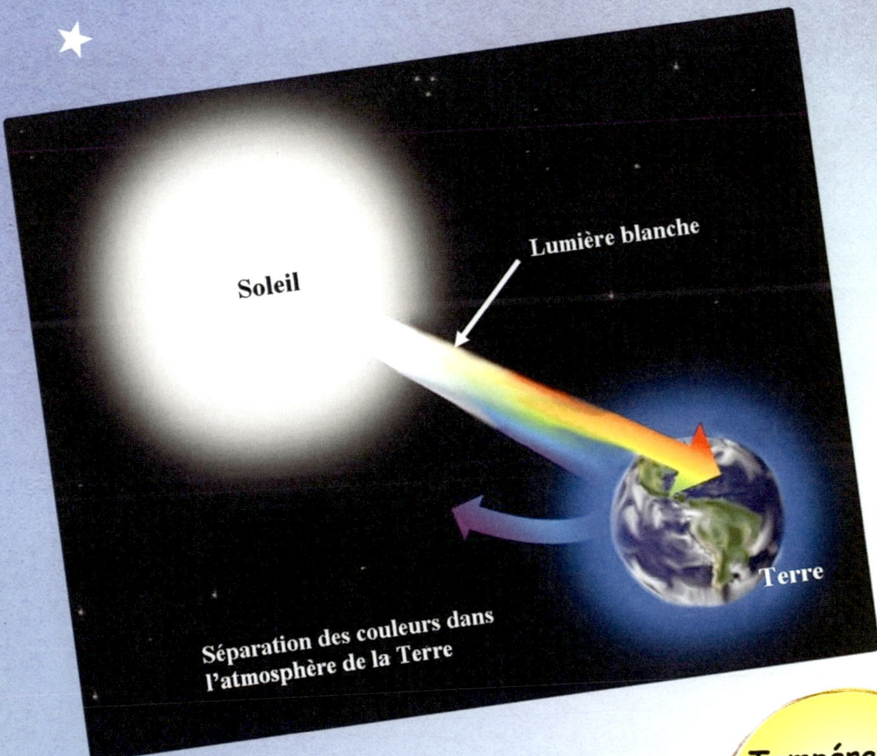

Séparation des couleurs dans l'atmosphère de la Terre

Âge du Soleil :
4,6 milliards d'années

Diamètre du Soleil :
1 400 000 kilomètres
Soit 109 fois le diamètre de la Terre

Température en surface :
entre 4 800 °C et 8 500 °C

Pourquoi
les étoiles brillent-elles ?

Parce que les étoiles passent à coté de la Lune et ça les fait briller.
Romane, 6 ans

Les étoiles brillent car le Soleil les fait briller.
Manon, 5 ans

Les étoiles brillent car il fait nuit.
Dans la journée elles ne brillent pas.
Matis, 6 ans

Parce que le Soleil donne de la lumière à la Lune et la Lune donne de la lumière aux étoiles.
Mélhan, 6 ans

Le Soleil quand il va se coucher donne de la lumière aux étoiles.
Quand le Soleil va se coucher c'est à cause de la Terre qui tourne et il donne de la lumière aux deux côtés des étoiles.
Niko, 6 ans

Les étoiles brillent parce qu'elles ont des paillettes.
Océane, 7 ans

Parce que le Soleil fait briller les étoiles.
Noha, 8 ans

Les étoiles brillent car elles exaucent les vœux.
Gaël, 7 ans

Les étoiles brillent parce que les étoiles ne sont pas des étoiles.
Ce sont des lumières qui brillent à des millions de kilomètres.
Doriane, 7 ans

Le Soleil fait briller les étoiles volantes qui passent à côté des étoiles.
Dayton, 6 ans

LES ÉTOILES BRILLENT PARCE QU'ELLES ONT DES PAILLETTES.

Les étoiles brillent dans le ciel tout simplement parce ce que ce sont des petits soleils, tout comme celui qui nous éclaire la journée et qui nous chauffe. Cependant, elles sont tellement loin que l'on ne peut voir qu'un tout petit scintillement dans le ciel.
Vu la grande distance qui nous sépare, elles sont incapables de nous donner de la lumière ou de la chaleur.

Sur Terre, grâce au Soleil, la plus haute température officielle jamais observée est de 56,7 °C.
Elle a été enregistrée le 10 juillet 1913 à Groenland Ranch (Vallée de la mort) en Californie, aux États-Unis d'Amérique.

La couleur d'une étoile dépend de sa chaleur.
Les étoiles les plus chaudes sont perçues comme étant bleues.
C'est le cas de Sirius.

Les étoiles les plus froides sont perçues comme étant rouges.
C'est le cas d'Aldébaran.

Du plus chaud au plus froid :

Bleu -> Blanc -> Jaune -> Orange -> Rouge

Etoile rouge : moins de 3 000 degrés

Etoile jaune : entre 6 000 et 10 000 degrés

Etoile bleue : entre 15 000 et 50 000 degrés

Etoile blanche : entre 10 000 et 15 000 degrés

Etoile orange : entre 3 000 et 6 000 degrés

Quelques Chiffres :

Au centre de la Terre, la température peut atteindre pratiquement 6 000 °C.
En surface d'une étoile, la température peut atteindre plus de 50 000 °C lorsque celle-ci se transforme en naine blanche.
Le cœur d'une étoile peut dépasser les 18 000 000 °C.

Pourquoi les moustiques piquent-ils ?

Pourquoi les moustiques piquent ?
Les moustique piquent pour ne pas
mourir, pour faire des asticot et
pour se nourrir et faire des
enfant.

Le moustique pique pour se nourrir ou pour mourir.
Killiam, 8 ans

Les moustiques piquent quand ils sont en colère.
Adam, 9 ans

Les moustiques ont une petite pique derrière leur dos, alors les moustiques piquent pour se nourrir de sang et se reproduire. Si on embête les moustiques, ils se vengent en nous piquant.
Anujan, 8 ans

Les moustiques piquent pour ne pas mourir.

Jérémy, 7 ans

Les moustiques ne font pas exprès de nous piquer, ils veulent juste se nourrir de sang.

Gabin, 8 ans

Les moustiques piquent parce qu'ils veulent prendre le sang qui est sous notre peau pour le donner à leurs enfants. Il n'y a que le sang qu'ils peuvent manger.

Amélie, 10 ans

Soit ils piquent pour digérer, soit pour nourrir sa famille, soit parce qu'ils ont soif.

Samy, 9 ans

LES MOUSTIQUENT PIQUENT
QUAND ILS SONT
EN COLERE !
Bzzzzzzz
Bzzzzzzz
Les moustiques piquent pour faire des
asticots et des enfants !

Pour prendre notre sang et en donner à sa famille.
Rita, 8 ans

Les moustiques piquent parce qu'on les a énervés.
Jolan, 10 ans

Les moustiques piquent pour faire des asticots et des enfants.
Léa, 9 ans

Parce qu'ils veulent boire notre sang.
Kelly, 9 ans

Quand nous sommes en été, chaleur et humidité entraînent le développement de petits moustiques. Ces insectes, qui piquent grands et petits, provoquent de fortes démangeaisons. Sans compter qu'ils peuvent aussi nous empêcher de dormir la nuit en venant tourner autour de nos oreilles.
Alors pourquoi le moustique pique ? Il est bon de rappeler que seule la femelle moustique pique,le mâle, lui, ne pique pas, il se nourrit du sucre des plantes, il butine.
La maman moustique pique car elle a besoin des protéines qui sont contenues dans notre sang pour assurer le développement de ses œufs avant chaque ponte.

Les chiffres:

Pontes : tous les quatre jours environs.
Durée de vie d'un moustique : trois semaines en moyenne, mais certaines espèces peuvent vivre plusieurs mois.
Distance : certains moustiques peuvent voler quinze kilomètres pour trouver de quoi manger.
Nombre de personnes piquées par moustique : dans une vie le moustique piquera en moyenne huit à dix personnes.
Bébés moustiques : une femelle mettra au monde environ 1 500 bébés moustiques.

Bon à savoir :

Beaucoup de gens pensent que la lumière attire les moustiques mais c'est totalement FAUX !
Le moustique est attiré par le CO_2 qui se dégage de notre peau, que la lumière soit allumée ou éteinte !

Pourquoi fait-on coucou d'un signe de la main ?

Car c'est un signe de politesse et on le fait pour dire bonjour aux personnes que l'on connaît.

Enzo, 10 ans

On fait ça pour dire au revoir ou bonjour à nos amis.

Amin, 9 ans

On dit coucou de la main quand on est loin.

Théo, 9 ans

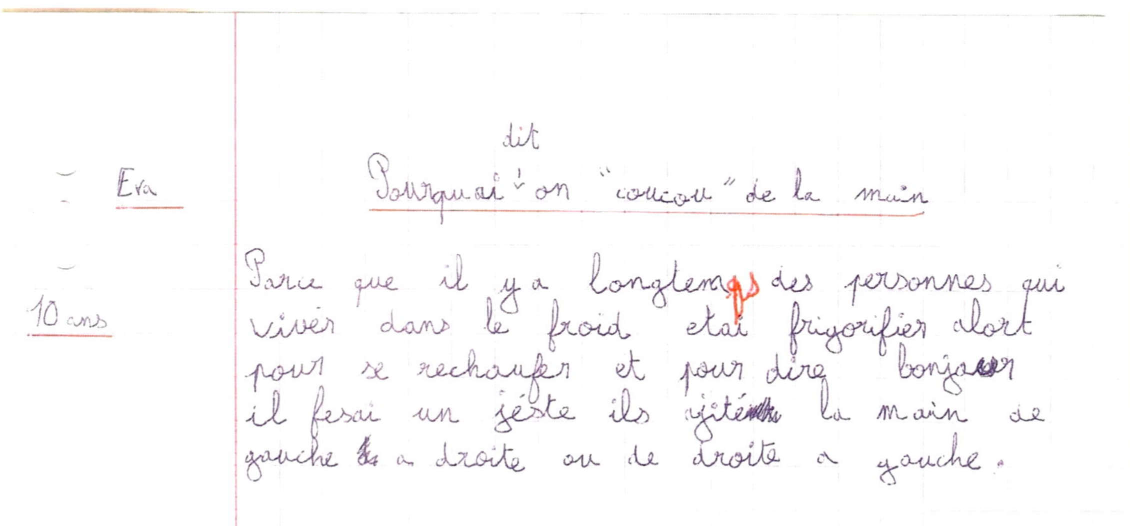

Eva

10 ans

Pourquoi on dit "coucou" de la main

Parce que il y a longtemps des personnes qui viver dans le froid etai frigorifier alort pour se rechaufer et pour dire bonjour il fesai un jéste ils ajité la main de gauche a droite ou de droite a gauche.

Comme les muets ne peuvent pas parler ils se font coucou avec la main.

Rita, 8 ans

On fait coucou de la main pour que la personne vienne nous voir et pour lui parler.

Lou, 8 ans

On dit coucou de la main peut-être pour les muets.

Harmony, 8 ans

On fait coucou de la main car c'est très poli et que les chinois font coucou en se baissant alors, nous, on a inventé le coucou de la main.

Isabelle, 9 ans

Pour connaître la réponse, il faut revenir très loin dans le passé...au Moyen Âge !

À cette époque sur les routes, on pouvait rencontrer des voleurs ou des brigands. Pour se défendre, les gens portaient souvent une arme sur eux. Les gens étant le plus souvent droitiers et lorsqu'ils croisaient quelqu'un, ils agitaient la main droite pour montrer qu'ils n'étaient pas armés.
Cela signifiait qu'il n'y avait aucun danger et qu'ils venaient en paix.
De même, quand on sert la main d'une personne pour lui dire bonjour, cela permet de lui montrer que notre main droite n'est pas armée.

Il existe d'autres façons de se dire bonjour !
dans le monde, comme les Japonais qui saluent
en s'inclinant vers l'avant (Ojigi).
Cela toujours dans le même but: en effet,
il fut un temps où les samouraïs portaient leur
sabre dans le dos. On s'inclinait donc vers
l'avant pour montrer qu'il n'y avait pas d'arme
dans le dos et qu'on venait en paix.
Plus on s'incline bas, plus c'est une marque
de respect envers la personne que l'on salue.

Le salut à genoux sur les talons (seiza) ne se fait que sur un tatami.

Pourquoi

les chiens ont-ils une queue ?

Les chiens ont une queue pour avoir une colonne vertébrale.
S'ils n'avaient pas de queue, ils n'auraient pas de colonne vertébrale.
Nada, 10 ans

C'est pour se diriger dans la mer et pour mieux sentir les objets.
C'est aussi pour se cacher quand ils font leur besoin
et cacher leurs fesses qui sont sales.
Théo, 9 ans

C'est pour que les chiens soient dangereux.
Car si tu touches leur queue, ils te mordent.
Kelly, 9 ans

Quand ils sont chiots, ils mangent que des pizzas.
Alors leur queue a poussé.
Et plus ils mangeaient des pizzas, plus leur queue a poussé.
Et quand ils sont devenus grands, ils avaient une queue.
Amujan, 8 ans

**La queue du chien est la fin de sa colonne vertébrale.
Si ce n'est pas ça, je pense que c'est pour qu'ils la mordent.**

Gabin, 8 ans

Les chiens ont une queue parce qu'elle permet de faire beaucoup de choses et s'ils n'ont pas de queue, ils ne peuvent pas faire leurs besoins. Avec leur queue, les chiens peuvent se promener et faire des bébés. La queue permet d'avoir plus d'os, si le chien n'a pas de queue, il a moins d'os.

Amélie, 10 ans

Killian Pourquoi les chiens ont-ils une queue ?
pour fair caca pipi et pour tirer dessue.
et pour la transformer de toute les formes.

Les chiens bougent leur queue pour dire qu'ils sont contents et quand ils ne la bougent pas, cela veut dire qu'ils sont tristes ou pas contents.

Louis, 11 ans

La queue est composée de vertèbres, elle est le prolongement de la colonne vertébrale. La majorité des vertébrés possèdent une queue. Cependant, un petit nombre n'en a pas: l'être humain, le gorille et d'autres mammifères marins.
Chez le chien, la queue a un rôle de balancier plus ou moins important suivant les races. Cela lui permet donc d'avoir un meilleur équilibre (même si certaines races de chien s'en passent très bien).
Cependant, la queue d'un chien lui permet aussi d'exprimer ses émotions.
Depuis très peu de temps, nous savons analyser les battements de queue d'un chien. En effet, si celui-ci fait battre sa queue plus vers la droite cela signifie qu'il est heureux, si sa queue balance plutôt vers la gauche, cela veut dire que le chien est anxieux ou stressé.
Le même résultat a été analysé sur le positionnement de la tête. Quand le chien est surpris par une situation, il peut lui arriver de pencher la tête d'un côté ou de l'autre. S'il penche la tête à droite, cela signifie que pour lui il n'y a aucun risque, par contre, s'il penche la tête vers la gauche, c'est qu'il voit un danger potentiel dans la situation.
Un chien qui a la queue basse entre ses pattes arrière est un chien soumis ou apeuré.

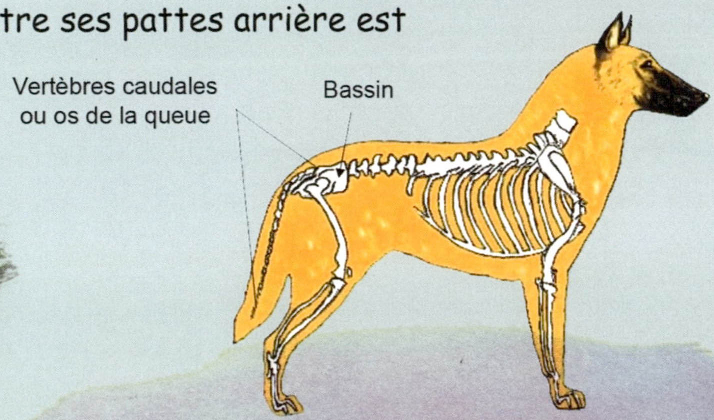

À savoir:
Nous, les êtres humains, nous avons perdu notre queue. En effet, nous sommes des bipèdes et nous trouvons notre équilibre grâce à nos pieds et nos mains. Cependant, quand tu étais dans le ventre de ta maman,tu avais une queue ! Elle représentait un sixième de ta taille. Cette queue a disparu petit à petit pendant ton développement dans le ventre de ta maman.

Pourquoi

y a t-il des nuages dans le ciel ?

Pour faire joli dans le ciel avec le Soleil et le bleu.
Pour faire tomber la pluie et faire des arcs-en-ciel.
Lou, 8 ans

S'il n'y avait pas de nuages dans le ciel, il ne pleuvrait jamais et
il ferait tout le temps chaud et les plantes ne pousseraient jamais.
Johan, 10 ans

Quand il y a des nuages, c'est quand le ciel se couvre et
il va peut-être pleuvoir et aussi le soir quand le Soleil se couche.
Maxime, 9 ans

Parce que c'est plein d'air réparti sur un petit
territoire qui fait un nuage blanc.
Des personnes ont inventé les nuages parce que c'est beau.
La nuit les astronautes font des formes avec les nuages comme ça
quand on les regarde, on essaye d'imaginer ce que les nuages sont
comme des figures. En fait c'est de l'imagination.
Personnellement, j'aime bien.
Eva, 10 ans

C'est la poussière qui s'envole jusqu'au ciel et qui forme les nuages.
Et ensuite la pluie nettoie les nuages.

Téo, 9 ans

Parce qu'il y a des dépressions qui viennent et qui forment
les nuages ou des averses.

Adam, 9 ans

Les nuages dans le ciel forment des figures et
quand les avions passent dans le ciel, ils font des nuages.

Nelson, 10 ans

Pour le temps et pour imaginer à quoi ils peuvent ressembler.

Rita, 8 ans

Pour qu'il y ait de la pluie, de la neige, de la grêle et de l'orage.
Et pour cacher le Soleil pour faire un ciel noir.
Blandine, 10 ans

Un nuage est composé de gouttelettes d'eau ou de glaces, voire des deux en même temps. Par contre, contrairement à une idée reçue les nuages ne sont pas faits de vapeur d'eau!
La vapeur d'eau étant invisible en suspension dans l'air tu ne verrais pas les nuages !
Le Soleil, en chauffant, va provoquer l'évaporation de l'eau venant des océans, mais aussi des mers, lacs et rivières. La vapeur d'eau va donc s'élever dans le ciel jusqu'à ce qu'elle soit refroidie et forme enfin des gouttelettes d'eau ou de glaces qui vont constituer un nuage.
La formation d'un nuage est donc due au refroidissement de l'air.

Il existe plusieurs types de nuages :

Nuages d'altitude :
Famille des Cirrus - entre 6 000 et 16 000 mètres d'altitude
Ils annoncent l'arrivée d'un front chaud.

Nuages moyens :
Famille des Altocumulus - entre 1 000 et 7 000 mètres d'altitude
Ils annoncent des orages.

Nuages bas:
Familles des stratocumulus et cumulus - entre 0 et 4 000 mètres d'altitude
Ils donnent souvent de la pluie ou de la neige.

Le cumulonimbus est particulier puisqu'il fait partie des nuages bas mais peut aller jusqu'à 16 000 mètres d'altitude.
C'est un nuage immense qui peut provoquer de violents orages.

Il existe des nuages plus particuliers encore, comme l'Arcus.
Il a une forme de rouleau ou de grosse vague dans le ciel.
Ce nuage se situe en dessous d'un Cumulonimbus.
Il a un aspect très menaçant et est de couleur sombre.

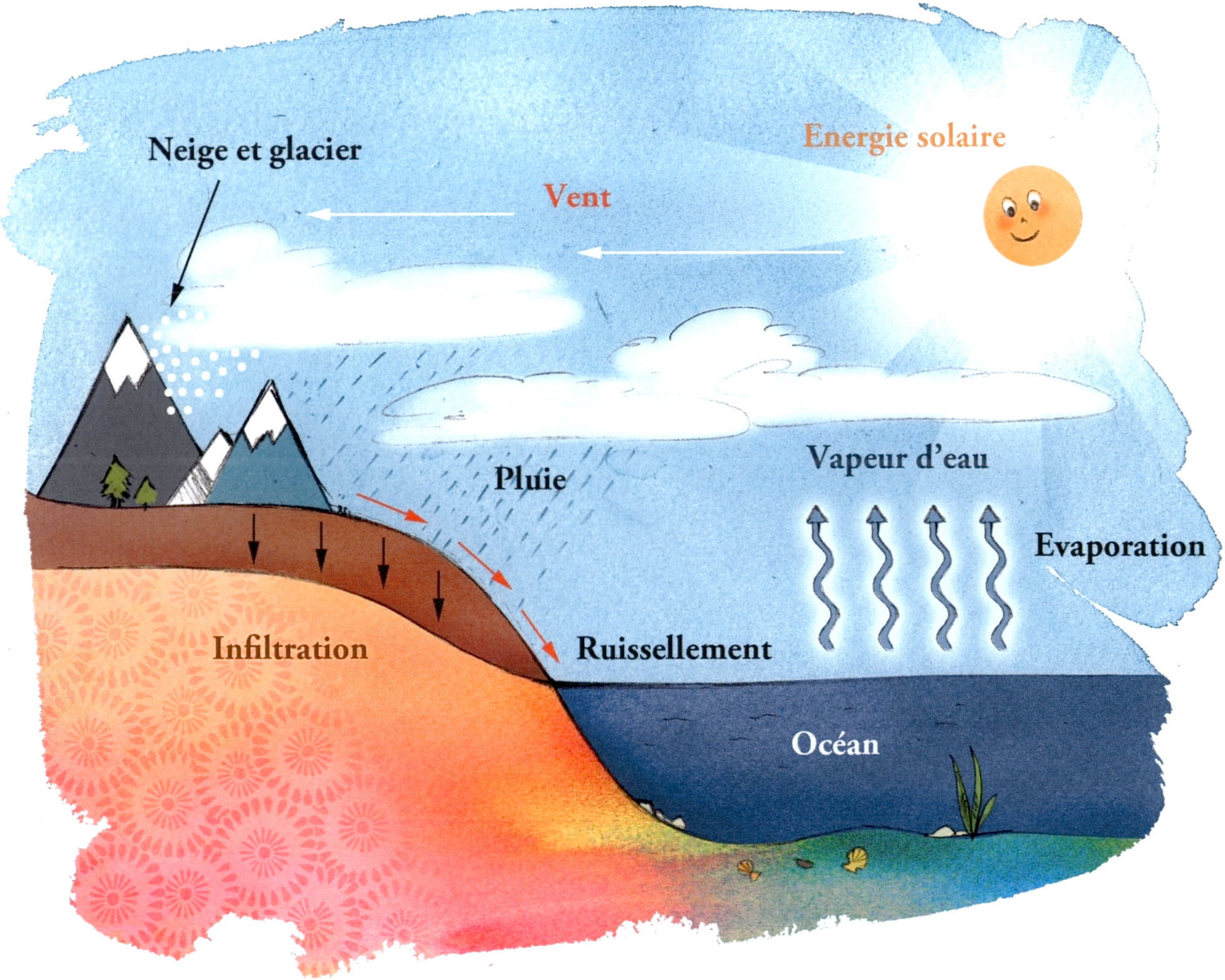
Neige et glacier
Energie solaire
Vent
Vapeur d'eau
Pluie
Evaporation
Infiltration
Ruissellement
Océan

QUELQUES PHOTOGRAPHIES DE NUAGES

Cumulus

Cirrocumulus

Cumulonimbus

Arcus

Stratocumulus
Cirrus

Pourquoi

ne peut-on pas
respirer sous l'eau ?

Solène Mars — Pourquoi on ne peut pas respirer sous l'eau

Si on ne peut pas respirer sous l'eau c'est parcequ'on a pas le corps adapté pour et que dans l'eau il n'y a pas d'oxygène pour notre corps. Et que sans l'air (l'oxygène) nous maurions de suite dans l'eau. Notre corps n'est pas fait de la même manière qu'un poisson, lui il a besoin d'eau et nous Nous avons besoin d'oxygène.

Je pense qu'on ne peut pas respirer sous l'eau, car nous sommes faits d'une certaine manière et que si l'on reste trop longtemps sous l'eau nous ne pourrons plus respirer et nous allons avoir un problème. C'est comme si nous nous bouchions le nez et que nous fermions la bouche, nous ne pourrons plus respirer et il faudra ouvrir la bouche et enlever la main qui servait à boucher notre nez.

Djouadi, 10 ans

Car nous respirons avec l'air et les poissons avec l'eau.
Nous, on boit l'eau et les poissons respirent.
Les poissons ont des bronchites et nous, on n'en a pas.

Doryane, 10 ans

NOUS AVONS
BESOIN D'OXYGÈNE...
ON NE PEUT PAS RESPIRER SOUS L'EAU CAR
NOUS NE SOMMES PAS FAITS COMME
DES POISSONS !
CO_2

On ne peut pas respirer sous l'eau car on n'a pas les mêmes organes que les poissons. Je pense aussi que les animaux marins ont un organe pas comme les autres qui leur permet d'avoir cette aptitude: nager sous l'eau.
Il y a plein d'autres choses à découvrir dans la vie !

Sébastien, 11 ans

On ne peut pas respirer sous l'eau parce que nous n'avons pas de branchies, mais à la place des poumons, et puis nous et les poissons ce n'est pas la même chose, on a un nez et pas eux.

Léa, 10 ans

Nous sommes nés sur la terre donc nous n'arrivons pas bien à respirer sous l'eau.

Nyah, 10 ans

On ne peut pas respirer sous l'eau car on n'est pas né sous l'eau.
Il n'y a pas assez d'air pour les humains.
On risque de mourir si l'on ne remonte pas à la surface.
Les poissons ont des branchies pour respirer sous l'eau et nous,
nous avons des plus gros poumons et un plus gros nez.

Sandra, 10 ans

On ne peut pas respirer sous l'eau car nous ne sommes pas faits
comme des poissons. À la place du cœur ils ont des branchies,
puis ils respirent l'oxygène qu'il y a dans l'eau, alors que nous nous
respirons l'oxygène qu'il y a dans l'air.

May, 11 ans

On ne peut pas respirer sous l'eau car nous avons des poumons.
Si nous restons trop longtemps sous l'eau et qu'on respire,
nos poumons se rempliront d'eau et on ne pourra plus respirer.
Dans l'air il y a du CO_2, sans CO_2 on ne pourrait pas vivre.

Marceline, 10 ans

Tu as peut-être déjà rêvé d'aller explorer le fond des océans, de pouvoir nager sous l'eau ou même d'y vivre, malheureusement pour toi et comme pour tous les êtres humains, il nous est impossible de respirer sous l'eau.

Pour respirer nous utilisons nos poumons qui demandent de l'air et plus précisément du dioxygène (O_2).
Pourtant, chose étrange, l'eau contient du dioxygène, mais notre système respiratoire n'est pas adapté pour pouvoir séparer le dioxygène de l'eau.
Par contre les poissons étant munis de branchies vont pouvoir capter le dioxygène.

RESPIRATION CHEZ LE POISSON

La nature est parfois surprenante !

Le dipneuste est un poisson qui possède des poumons ET des branchies, il peut donc respirer sous l'eau et sur terre. Dans nos étangs, tu peux voir aussi des têtards qui respirent sous l'eau et qui, en devenant des grenouilles, vont commencer à avoir des poumons pour respirer sur terre.
Certains insectes font comme les hommes pour respirer sous l'eau.
Ils emportent des bulles d'air avec eux. (Sous leur corps).

RESPIRATION CHEZ L'HOMME

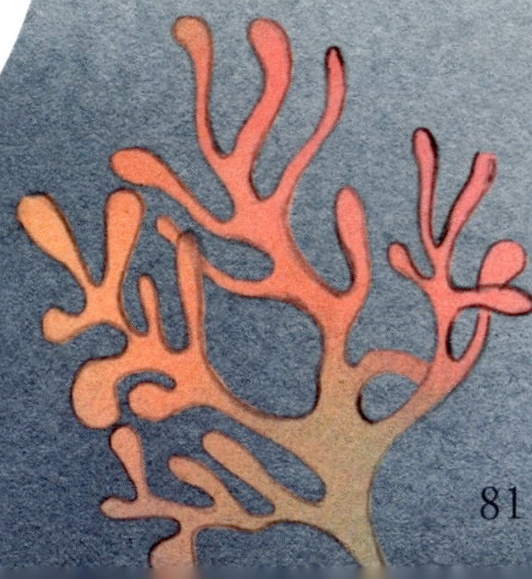

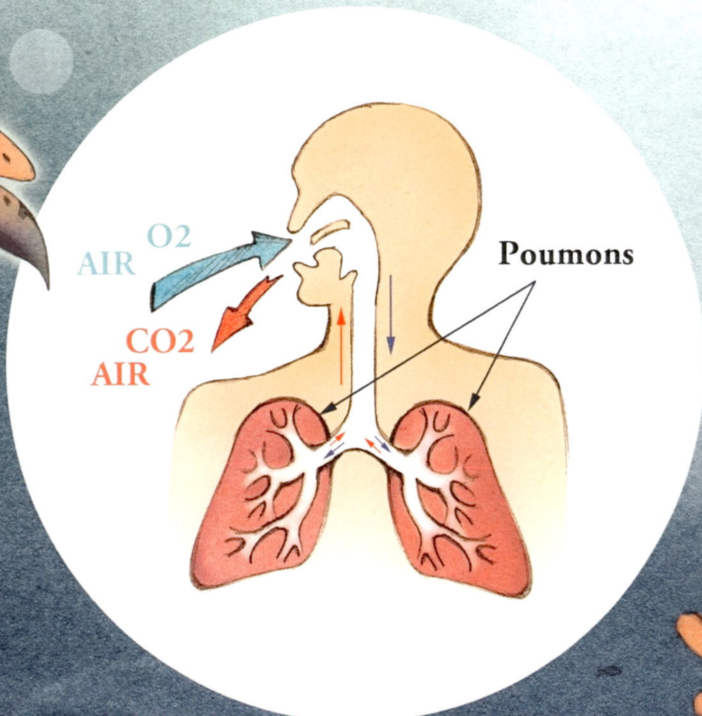

Pourquoi a-t-on mal ?

Quand on a mal on se fait des blessures. Après on regarde sa blessure et on dit « Aïe », et comme parfois on voit du sang couler, on se met dans la tête que ça fait mal, mais en vrai le mal vient de la tête. Voilà à quoi je pense.

Lucie, 10 ans

Par exemple, quand on tombe et que la peau s'enlève, des microbes se posent sur la plaie et ça brûle ou ça pique.
Quand on s'est ouvert la peau et que c'est grave,
il faut soit désinfecter ou aller à l'hôpital.

Elsa, 11 ans

**Si on a mal, c'est pour faire réagir le corps et ça fait un choc qui peut provoquer des maladies et tout ce qui s'ensuit.
La douleur peut rester comme elle peut partir.
Elle se dégage. Si on a mal, c'est pour une bonne raison !!**

Théry , 10 ans

Quand on tombe, on est obligé d'avoir mal et moi ça ne m'arrive pas tout le temps.

Alexis, 11 ans

On a mal car on perd du sang. La peau s'enlève. On se râpe. On peut aller à l'hôpital. Quand on se cogne, on a des bosses et aussi quand on se fait piquer par une guêpe, des abeilles, des frôlons, des araignées.

Doryane, 10 ans

Nous avons mal car nous avons des nerfs partout dans le corps mais surtout reliés jusqu'au cerveau. Le cerveau réagit aux chocs des nerfs sur le sol. Le cerveau est fragile, et si le cerveau a mal, nous aussi nous avons mal. Puis le cerveau nous fait dire « Aie » ou « Outch ». Des fois on tombe mais on n'a pas mal, c'est soit on a eu peur de la chute, soit on n'aime pas voir le sang couler. Des fois quand on tombe, on se déchire la peau entièrement, on appelle ça une éraflure.

Nathan, 10 ans

Eléa, 10 ans

Pourquoi a t-on mal ?

Nous avons mal car par exemple quand nous toubons l'endroit où il y a la blessure touche les nerfs et ses nerfs vont jusqu'au cerveau et là nous avons mal.

LE DIS POURQUOI
J'AI MAL!
POUPI
«QUAND ON TOMBE ON EST OBLIGÉ
D'AVOIR MAL ET MOI
ÇA NE M'ARRIVE
PAS TOUT LE TEMPS...»

Nous avons mal parce qu'il y a des neurones et des nerfs qui éclatent. Les vaisseaux sanguins explosent aussi au contact du sol (quand on tombe).

Andrew, 10 ans

Moi je pense qu'on n'a pas mal, c'est juste qu'on pense avoir mal. C'est sans doute un réflexe de se dire qu'on a mal.

Maruéjauls, 10 ans

La douleur est un signal d'alarme. Elle peut nous prévenir qu'il y a un danger soit à l'extérieur de notre corps par exemple lorsqu'on approche la main d'une flamme, soit à l'intérieur de notre corps, ce qui est souvent le cas quand on est malade. Une fois que nous savons que nous sommes malades, on peut donc commencer à se soigner.

La peau et les organes sont tous reliés au cerveau par des nerfs.
Ces nerfs envoient des messages de douleur lorsqu'on se cogne, qu'on se brûle ou quand on est malade. L'information envoyée par les nerfs va passer par la moelle épinière et arriver directement au cerveau. Une fois que celui-ci réceptionne le signal de douleur il envoie l'ordre de réagir tout de suite comme retirer la main qui s'est approchée trop près de la flamme, par exemple.

Bon à savoir :

Le plus long nerf du corps humain s'appelle le nerf sciatique.
Il est aussi le plus gros.
Il part de la colonne vertébrale et passe dans les fesses et dans les jambes.

Vitesse de l'information de la douleur envoyée au cerveau : de 10 à 30 m/s, soit environ 108 km/h

Pourquoi

a-t-on un nombril ?

Parce que quand on était petit on avait un cordon.
Gabin, 6 ans

C'est pour arriver à faire respirer le bébé.
Romain, 5 ans

Le nombril ça sert à boucher le trou du ventre et ça sert à donner à manger au bébé.
Johann, 6 ans

Les bébés n'ont pas de bidon, c'est la maman qui en a un.
Sandra, 5 ans

Le nombril c'est pour faire sortir le bébé du ventre.
Niko, 6 ans

Le nombril, c'est pour tenir le corps.
Annaëlle, 6 ans

Quand tu étais encore dans le ventre de ta maman, tu flottais dans un liquide protecteur (le liquide amniotique) le temps de bien te former. Pendant ce temps, tu devais tout de même respirer et manger.
C'est ta maman qui faisait cela pour toi, en te transmettant tous les éléments dont tu avais besoin pour vivre, par le cordon ombilical.
Le cordon ombilical reliait ton futur nombril au placenta. Grâce à lui, le sang de maman et celui de bébé passent l'un à côté de l'autre et en traversant une fine membrane te donnait ce dont tu avais besoin en oxygène et en aliments.

Tous les mammifères ont un nombril.
Tous, sauf DEUX !

Ils se trouvent en Australie : il s'agit de l'ornithorynque et de l' echidné.
Leurs bébés n'ont pas de nombril car les femelles pondent des œufs, comme les poules.

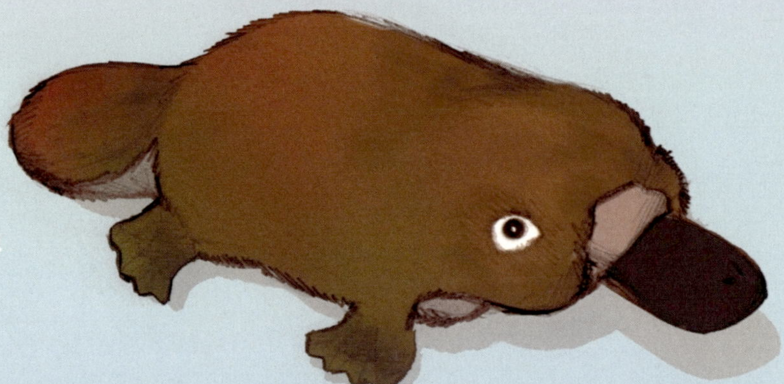

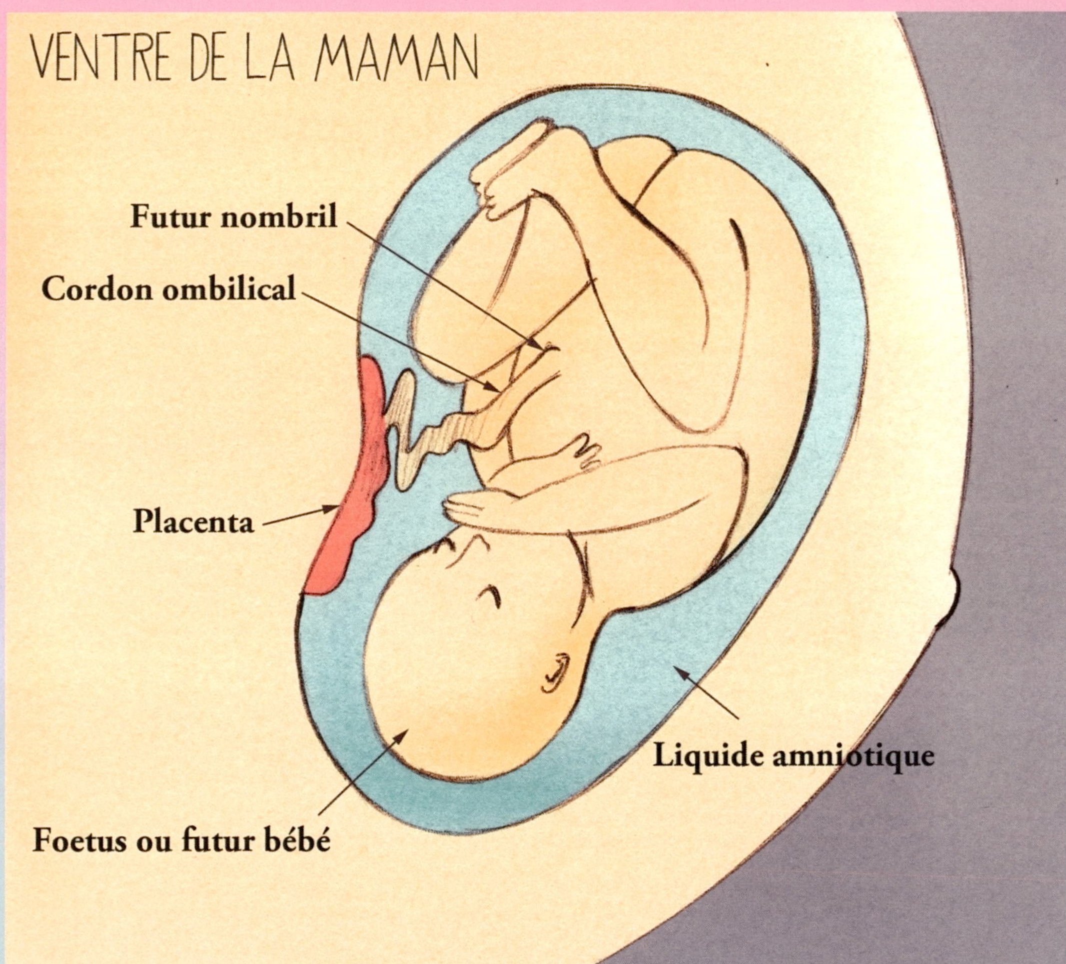
VENTRE DE LA MAMAN
Futur nombril
Cordon ombilical
Placenta
Liquide amniotique
Foetus ou futur bébé

Pourquoi les orages font-ils des éclair~~e~~s ?

éclairs

Eh ben, parce qu'il fait chaud et l'éclair peut tomber sur une maison.

Parce qu'il y a de la lumière qui tombe en forme de Z avec de la poudre et ça explose !!!

Il y a des éclairs parce qu'il pleut.
Gabin, 6ans

Parce qu'il fait chaud.
Niko, 6ans

Parce qu'il y a de la lumière qui tombe en forme de Z avec de la poudre et ça explose.
Dayton, 6 ans

Parce qu'il fait chaud et l'éclair peut tomber sur une maison.
Johann, 5 ans

Parce qu'il y a de la pluie et beaucoup de vent.
C'est le Père Fouettard qui fait les éclairs.
Loïc, 6 ans

Les éclairs sont là à cause de la Lune et des étoiles.

Théo, 6 ans

Il y a des éclairs quand il pleut trop fort.

Sandra, 6 ans

Les éclairs

Vitesse : 40 000 km/s
Puissance : 100 millions de volts
Température : 30 000 °C
Taille : de 100 m à 20 km

Les plus gros nuages d'orage peuvent peser jusqu'à 900 000 tonnes.

La couleur des éclairs:

QUELQUES PHOTOGRAPHIES D'ECLAIRS

Certaines fois plusieurs couleurs peuvent exister dans le même éclair. Cela arrive comme dans la photo ci-dessous lorsque le haut de l'éclair se situe dans une couche de nuages composée d'eau et de glace (violet) et que le bas de l'éclair arrive lui quant à lui dans une couche de nuages de poussière (jaune).

Par temps chaud et humide, l'air chaud de la surface s'élève vers le ciel et va se refroidir progressivement. Il devient un nuage appelé cumulus. Si l'air chaud remonte trop vite et trop haut, le nuage devient un cumulonimbus, le plus gros des nuages, qui peut aspirer plus de 700 000 mille tonnes d'air par seconde.
Arrivé à 10 km de haut, le nuage arrête de grandir. À ce moment-là, l'air très froid au sommet du nuage va descendre à toute vitesse vers le sol. Il va emmener avec lui l'eau et la pluie et même parfois la grêle. C'est alors que le nuage va commencer à s'électriser.

Pourquoi ?

À cause des fines particules (poussières, gouttelettes d'eau, glace...) se trouvant dans les courants d'air froid et chaud, qui en se frottant les unes contre les autres, vont se charger en électricité. Les petites particules qui sont plus légères vont monter en haut du nuage en se chargeant positivement. Les plus grosses particules, quant à elles, vont descendre vers le bas du nuage et se charger négativement.
De son côté, la Terre possède aussi des charges négatives et positives. Les charges négatives du nuage se trouvant vers le bas, elles vont attirer les charges positives de la Terre. Quand les deux vont se rencontrer elles vont former un éclair.

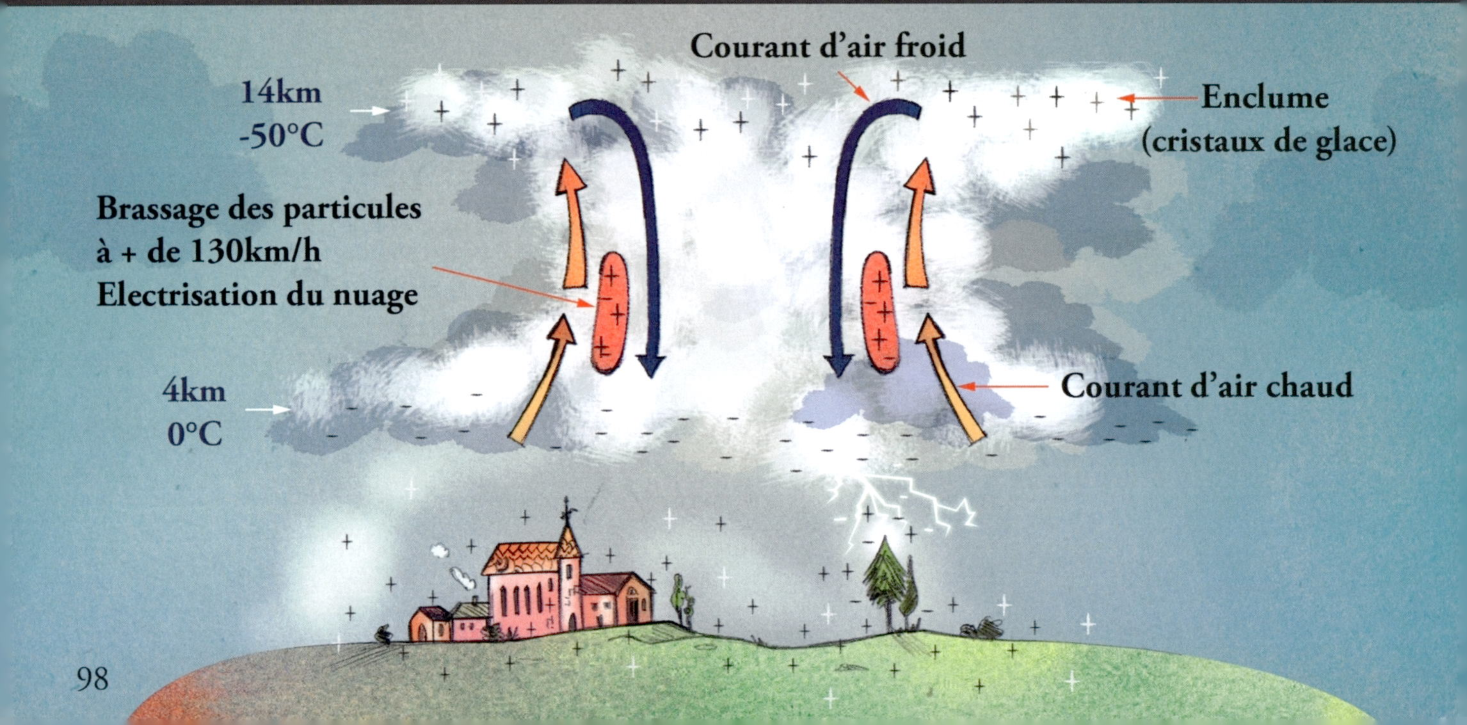

Bon à savoir :

Pour calculer la distance qui te sépare d'un orage, il suffit que tu comptes le nombre de secondes qu'il y a entre l'éclair et le bruit du tonnerre puis de le multiplier par 330.
Cela te donnera le nombre de mètres qui te sépare de l'orage (330 correspond à la vitesse du son : 330 m/s).

Par exemple :
Si tu comptes 10 secondes entre l'éclair et le bruit du tonnerre, il faut faire le calcul suivant :
10 × 330 = 3300 m, soit 3,3 km.

À NE JAMAIS FAIRE :

- Te mettre sous un arbre ou sous un parapluie.
- Te baigner, pêcher, faire du vélo, du golf, de l'alpinisme ou du bateau.
- Circuler en groupe (dans ce cas, il faut qu'il y ait au moins 3 m entre chaque personne, pour éviter qu'un éclair latéral ne se propage d'une personne à une autre).
- Ne jamais faire de courant d'air dans une maison pendant un orage, cela attire la foudre.

Le meilleur endroit en cas d'orage pour se protéger est de rester enfermé chez soi ou dans une voiture.

A Ambre, Axel, Manoa, Morgane et à tous les enfants du monde.
Que votre curiosité ne se tarisse jamais.
Que vos rêves puissent s'accomplir...

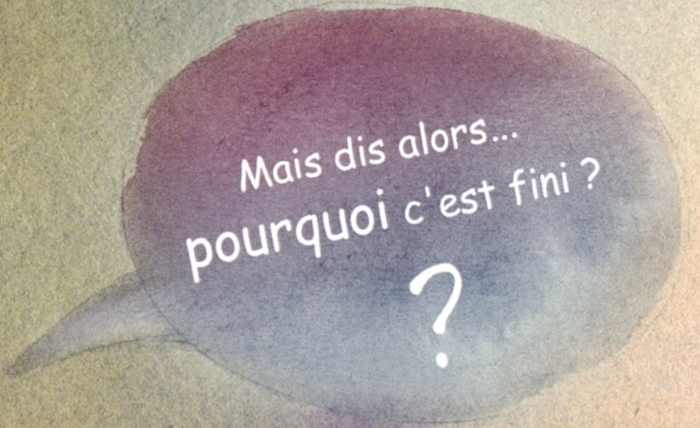

Vous avez aimé le livre ? Soutenez-le en laissant votre commentaire sur la page dédiée sur www.premedit.net ou sur amazon.fr
Prem'Edit est une maison d'édition de nouvelle génération.
Elle publie de nouveaux talents en donnant le pouvoir de décision à un comité de lecture composé de 120 lecteurs.
www.premedit.net

Merci à Fanny BARBA pour ses relectures et ses conseils.

Couverture et mise en page : Sandie Leblanc Design

ISBN : 979-10-91321-55-6
Cet ouvrage a été imprimé en 2016 par Lightning Source UK Ltd.
Chapter HousePitfield Kiln Farm Milton Keynes MK11 3LW United Kingdom
Dépôt légal : 2e semestre 2016

Lightning Source UK Ltd.
Milton Keynes UK
UKRC01n2232060217
293770UK00001B/29

* 9 7 9 1 0 9 1 3 2 1 5 4 9 *